JN410176

산다는 거

산다는 거

김사강 시집

| 감사의 말 |

詩人이면 뭐합니까
돈 버는 재주는 없고 돈 안 되는 詩 나부랭이 쓰는 것이
詩人인걸요
가난을 빌미로
공으로 詩集을 내어보겠다고
염치없이 떼를 쓰는 내게 흔쾌히
한 권의 詩集을 내주신
新亞出版社 서정환 사장님께
깊이 감사 드립니다.

| 책머리에 |

詩에 대한 나의 생각

詩는 자연스러움이다. 우리가 밥을 먹고 排泄을 하듯 자연스러운 것이다.

自然 속에서, 우리 日常 속에서 언제든지 接할 수 있는 것이 詩다. 곧 우리의 生活이 詩인 것이다. 사람들은 自身들이 얼마나 깊이 詩 속에 들어가 사는지 그조차도 모르고 산다. 詩는 絶對 特別한 것이 아닌데 自己 內面에 그리고 周邊에 自己의 삶 自體가 詩인 것을 모른다. 그냥 어렵고 먼 것이라고만 여긴다.

내가 숨을 쉬는 것도 詩다. 밥을 먹는 것도 勞動을 하고 排泄을 하고 잠을 자고 생각하고 五感으로 느끼는 모든 것이 詩인데도 그것을 認定하지 않으려 한다. 다가가려 하지 않는다. 詩는 音樂이나 그림과 다르다 생각하지만 그림도 音樂도 하나의 詩다 돌멩이 하나도 詩고 自身도 詩다. 宇宙萬物이 곧 詩인 것이다.

存在도 非存在, 有, 無도 詩다 어느 것도 詩 아닌 것이 없는 셈이다.

詩에 있어서 가장 좋은 詩語는 누가 들어도 알기 쉬운 言語가 가장 좋은 詩語가 되는 것이다.

아무리 作家의 意圖가 深奧하다 하더라도 難解하여 읽어도, 들어도 理解가 되지 않아서 그 作品에 다가설 수 없다면, 共感할 수 없다면 그 作品은 죽은 作品이다.

詩가 生命力을 가지려면 어느 누구와도 함께 共有하고 共感할 수 있을 때에만 可能한 것이다.

우리는 얼핏 조금 어렵게, 그리고 難解하게 쓰면 남들에게 自身이 조금은 知的으로 보일 것이다.

또는 高尙하게 보일 것이다,라고 생각할 수도 있다. 그러나 그것은 가장 危險한 發想이다.

詩는 極度로 原始的이며 超自然과 神 그리고 모든 生命들의 靈的인 對話인 것이어서 그렇게 高尙할 必要도 知的일 必要도 없다. 다만 淺薄해도 맑은 靈魂의 소리면 되는 것이다.

詩에 있어서 形式이란 그리 重要한 것은 아니지만 그리 無視 되어서도 안되는 것이어서 우리가 祭를 모시고, 사람을 對하고, 自然을 對하고 할 때에 지키는 禮와 같아서 어느 正道는 지켜져야 하는 것이다. 꼭이 동그라미여야 한다거나 세모져야 한다거나 그렇게 化石이나 剝製처럼 그런 것이 아니어서, 그것에 얽매일 必要는 없다는 것이다. 그러나 無禮해서는 안된다는 것이다

詩에 있어서 內容이란 가장 重要한 알맹이, 즉 作家의 精神인 것이다.

詩人의 精神은 맑고 맑아서 時空을 넘나드는, 어느 곳에도 어느 것에도 매이지 않는 自由로운 精神을 가져야 한다.

물고기가 물에서만 살 必要는 없는 것이다. 돌이 꽃이 될 수도 있고 宇宙가 내 작은 손바닥에 들어앉을 수도 있고, 개구리가 사자의 갈기를 어루만질 수도 있고 거미가 짜 놓은 거미줄로 옷을 해 입을 수도 있어야 한다.

그렇다고 말이 안 되는 소리를 지껄이라는 소리는 아니다.

精神의 放縱은 精神의 隨落이지 精神의 自由는 아닌 것이다. 이는 詩人이 가져야 할 精神姿勢를 이야기했을 뿐 알맹이가 이런 것이다,라고 지적한 것은 아니다 알맹이는 詩人 스스로가 가지고 있는 것이다.

그것이 곧 詩魂인데 이 詩魂은 누가 定해 주는 것이 아니라서 그 누구도 쥐어 줄 수 있는 것이 아니라서 各自 색깔도 香氣도 模樣도 다르다. 똑같은 돌을 보고서도 어떤 이는 하늘이라 할 수 있고 바다라 할 수 있고 똥 냄새가 난다 할 수 있고 꽃내음이 난다 할 수 있을 것이다.

이는 讀者들이 한 作品을 보고서 서로 느끼는 바가 다름과 같은 것이다.

卽 詩魂은 模倣이 아니고 創造라는 것이어서 讀者들이 느끼는 바도 같은 理致다.

그 詩魂 속에는 다시 또 다른 알맹이가 있는데 이는 詩人의 精神의 精髓인 것이다. 돌을 보고 돌멩이의 정수리에 박아 놓은 詩人의 精神인 것이다. 어떤 이는 돌멩이의 정수리에 몽클한 사랑을, 어떤 이는 宇宙를 또는 孤獨을, 不滅을 이것이 詩魂의 精髓인 것이다.

시호림 초천제에서

김사강

목차

제1부

목차

제2부

제3부

제4부

제1부

산다는 거

산다는 거
물 흐르는 거 따라하는 거 아니냐
더러는 흐르다가도
빈 웅덩이가 있으면 그마저 다 채우고 흐르는 거

산다는 거
물 흐르는 거 따라하는 거 아니냐
물이 하듯이 세월을 흘려 보내는 거
목숨을 덜어내는 거 아니냐

생겨나서 사는 만치만 살아서
고만고만 살다가 죽어지는 거
생겨난 대로 피차 다 그리 살다가 가는 거
저기 물 위에 떠가는 잎새만치로

산다는 거
물 흐르는 거 따라하는 거 아니냐
목숨 덜어내고 가벼이 흐르는 거 아니냐

지금 나뭇가지에는 바람이 불고
잎새는 가벼워진 몸을 흘려 보내고 있지 않으냐
나도 그만치만 살다 갈란다.

세상살이

세상은 내가 잠시 지나다 들른 곳이니
세상일에 연연해하지 않으리

세상이 부담스러워지거든 그때나 떠나면 그뿐

산이 있고
물길이 있는 곳에
잠시 쉬어서 물 한 모금 마시고
지나는 나그네가
세상 그 무엇에 참견하랴

꽃이 피고 향기로우니 좋고
새들이 조잘대니 즐거웁고
물소리 바람소리 시원하니 그 또한 좋지 아니한가

내 이 세상에 사는 동안 한 세월 즐겨가리.

길

갈 길이 멀으니
어서 가자 했습니다

한눈팔 새 없으니
어서 가자 했습니다

아내는
가다
못 가면
쉬어서 가자 합니다

산도 보고
들도 보고
그리 가자 합니다

산다는 거
더디 가면 어떠냐고
쉬엄 쉬엄

가다
못 가면
쉬어서 가자 합니다

잎새

山 숲에 어설픈 나무여도 좋아라

황량한 들판에
홀로 된 나무여도 좋아라

세파에
세파에 쓰러지는 고목이어도 좋아라

가지끝
떨어지는 잎새는
바람을 원망하지 않아라.

나무 한 그루

나무 한 그루 심어볼란다
오롯이 한 그루 나무 심어 놓고 그 나무가
자라는 거 볼란다

나무가 자라서 아주 크게 자라서 새들이
놀다 갔으면 좋겠다
지나가던 새들도 날아와서
조잘댔으면 좋겠다

둥지도 만들고
짝 만나 사랑도 하고 새끼도 낳아
오래도록 그 나무에 머물렀으면 좋겠다

내가 죽어서
그 나무 아래 쉴 적에

그래서
나 외롭지 않았으면 좋겠다.

홀씨

내 뜻이 아니어도
생겨났으니

이름 없는 풀꽃이면 어떠리
눈에 띄지 않는 꽃이면 어떠리

생겨났으니
죽고 사는 거
내 뜻이 아니어도

살다가
안식의 뜰
홀씨 하나 남기리.

고향

가자
낙엽 스치는 길을 따라
낙엽도 가자

야윈 달빛이 흐르는
개울 건너
양지바른 곳

가자
헐거워진 몸뚱어리
흐느적이는
내 그림자도

오래 전
초가지붕에 박꽃이 피던
마을

바람도 가자
조금은 씁쓸한 눈물도 흘려야지.

한숨

내 한숨이면 어떠냐
내 산 값으로 마땅하지 않으냐

사는 동안
사는 동안
한숨 쉬고 사는 게
내 산 값으로 마땅하지 않으냐

여지껏 살면서
사람같이 살아봤더냐
한숨으로 산 목숨
사는 것이 그리 사치더냐

산다는 거
내 한숨이면
내 산 값으로 마땅하지 않으냐.

날개

理想은 높고
現實은 가파르니
어쩌랴 어찌하랴

내 한몸 가눌 힘조차 없느니
세상을 圖謀하려는 맘이사
바위에 부서지는 泡沫이어라

하늘을 날고 싶어서
꿈꾸어온 날개인데
羽化를 하지 못하는 昆蟲이어라

어쩌랴 어찌하랴
가벼운 바람에도 흔들리는
풀잎에
이대로 내 몸을 맡기랴
退化한 날개를 보듬고 이대로 絶望하랴

내 하늘은

어데 가서 찾으랴

봄풀의 노래

저기
뜨락을 보시게
풀이 돋았네

아직 통성명을 하지 않아서
그 풀의 이름은 모르지만
어떤 내력으로
이 뜨락에 뿌리를 내렸는지는 몰라도

보시게
봄풀이라네

아직은
끝나지 않은 겨울
싸늘한 날씨 속에서
한 올 햇볕을 걸치고서

자네 무덤가 뜨락에
억세게 피어난
봄풀이라네

자네가 흔들던 깃발
피 묻어 나부끼던 깃발처럼
봄풀에도
꽃잎이 나풀대려네.

산다는 것

꽃잎
그 화사한 꽃들이
왜 그 꽃잎을
그 화사함을 놓아 버릴까

열매
그 탐스런 열매를
나무들은
왜 그리도 虛妄하게 놓아 버릴까

나뭇잎
그 잎새가
왜 미련 없이 나뭇가지에서
손을 놓아 버릴까

저것들을 보면

산다는 것
참, 별거 아니네

한 世上
살면서
千年을 살겠다고
발버둥치는 내 꼴이라니

산다는 것
별거 아닌데

나는 왜 이리 孤獨하다냐.

물이 흐르는 이유

물이 흐르는 이유는
이유가 없다 그냥 흐르는 것이다
물은 뒤를 보지 않는다
그냥 앞으로만 흐른다
물은 높은 데서 낮은 데로 흐른다
가장 낮은 자리에 도달해서야 멈춘다
물은 지나온 자신을 되돌아보지 않는다
후회도 않는다
흐르는 동안 물고기들을 길러 내고
강가 풀꽃들을 길러 내고
가끔은 여울을 만들어 노래도 부른다
물은 스스로의 몸을 낮추고
제 살을 나눠 준다
그래도 물은
물이 흐르는 이유는 없다
그냥 흐르는 것뿐이다.

山 돌 두 개

山에 올랐다가
山돌 두 개를 주웠는데요
그 중 하나는 참 모양새도 이쁘고 색깔도 고만고만
이쁘게 생겨서 내 맘에 꼭 들었는데요

나머지 하나는 꼭 선머슴같이 투박하고 거칠어서
색깔도 모양도 맘에 썩 내키지 않아서
버릴까 생각하다가
내 모양새가 요놈과 別般 다를 게 없다 싶어서

둘 다 호주머니에 넣어 집으로 돌아왔는데요

書齋 冊床머리에
나란히 놓아 두고는 冊을 읽을 때나
詩를 쓸 적마다
한 번씩 요모조모 살펴보는데요

보면 볼수록 둘 다 나름대로 이뻐서 보이데요

그러고 보면
내가 山돌을 주워 온건요
난생처음으로 잘한 일 같습니다
山돌 두 개를 모다 가져온 것은 내가 난생처음으로
썩 잘한 일 같습니다.

여울물

누이야
달빛도 곱지야
발가벗은 미루나무 꼭대기에 걸려서
누이야
달빛도 곱지야

송사리 떼 꼼지락거리는
여울물 소리 들어라
별들이 지느러미를 하느작거리는

누이야 그 곱고 맑은
여울물 소리 들어라

누이야
여울물 건너 疊疊 山 너머
시집 가거든

누이야

江 자갈 조잘대는
여울물 소리 들어라

누이야
江 언저리 앉아서
나 여울물 소리 들어라

누이야 달빛도 곱지야
수양버들 자지러지는 강가에서
나 애꿎은 돌팔매만
하여라

누이야
달빛이 곱지야.

꽃이 피어요

꽃이 피어요
山
山
들
들이란

시퍼렇게 눈뜬 하늘 아래서
날 퍼런 칼날을 휘두르던
엄동에
숨조차 몰아쉴
틈도 없이
꽁꽁 얼어버린 땅에서

꽃이 피어요

이슥한 겨울을 지나온
목숨들
각혈을 하오

山
山
들
들이란
꽃이 피어요

소리

소리
소리
귀 있는 것들은 소리를 듣는다

그러나 나무는 귀가 없다

나무는
宇宙 한가운데서
沈默한다

소리
소리
입이 있는 것들은 소리를 낸다

그러나 나무는 입이 없다

나무는
宇宙 한가운데서
沈默한다

나무는
귀도 입도 없지만
눈도 없다

다만 보여줄 뿐이다

그러나
사람들은
보지 못하는 눈이 있고
듣지 못하는 귀가 있다

사람들에게는
自滅을 圖謀하는 입이 있다.

제2부

부처님 귀

金山寺 부처님 귀는 까막귀다
그래서 世上 恨 소리를
한 소리도 듣지 못하는 것일 게다
처음에 부처님 귀는
내가 어릴 적 불던 보릿대 피리마냥
뻥 뚫려서
개미 걸어 가는 숨소리조차도
헤아려서 살펴주는 줄로만 알았는데
지금 생각해 보면
부처님 귀는 꽉 막힌 귀머거리다
그렇지 않다면
大雄殿 뜨락에 넘어져 울고 있는
아이의 울음소리를 듣고서도
저렇게 跏趺坐 틀고 가만 있지는 않았을 게다
마음이 가난한 나도
그런 아이를 보면 일으켜 세우고
위로해 주는데
분명 金山寺 부처님 귀는 까막귀다

그래서 世上 恨 소리를
한 소리도 듣지 못하는 것일 게다

詩

詩
부질없구나

눈 감은
어둠 속에서
부시럭거리는 바퀴벌레의 발자국 소리

어느 기억에도
남지 않는
나의 숨소리

부질없구나

세상 등지고 돌아누운
싸늘한 나의
몸뚱이

내가 여기 널짝 속에 눕기까지
숨 가쁘게 걸어온

발자국
나의 숨소리

부질없구나

어느 기억에도
남지 않는

詩
부질없구나.

물

물
點
點
點
모여서 흘렀다

點
點
點
모여서
바다

큰
點
바다
물

點
點

點
흩어져서
點

點
點
다시 모여서 흘렀다

그리고
다시
큰
點
바다
물.

배추 씨알

참 이상하지
밭 이랑에 꿈꾸듯이 심어 놓은
배추 씨알이
넌지시 고개를 내미는 것
파릇하니 고개를 내미는 것
고것도 이상하지만
애 하나 들쳐업은 양
파란 배추벌레를 업고 있는 것
배추는 어느 놈과 붙어먹고 애를 낳았나
이상하지 참 이상도 하지
배추꽃이 분 바르고 외출하던 날
고놈의 배추벌레는 하얀 옷을 걸치고
노랑 옷을 걸치고 나비가 되어서는
배추꽃과 붙어먹었는데
고때 생겨난 것이 배추 씨알이라니
참 이상하지
헌데 배추는 어떻게 배추벌레를 낳았을까
참 이상도 하지.

흘려보내기

사람아
그리도 채우고도
아흔아홉 가진 자여
하나를 가진 자의 근근한 목숨을
노리는가

너의 욕심은 눈 부릅뜨고 사나운 발톱을 세우고
비수처럼 날카로운 부리로 주검을 노리는
독수리 같구나

주린 배 움켜쥐고
생사의 언덕을 허덕이며 방황하는 이를 보았는가
포화에 찢겨진 살점들
총구로 흐르는 피를 보았는가
모랫바람 흐르는 사막의 강가에서
널부러진 시체들의 썩어가는 냄새를 보았는가

사람아
너의 욕심이

아흔아홉 가진 자여
하나를 가진 자의 근근한 목숨을
앗았구나

그러나
사람아
큰 산일수록 물은 아래로 아래로 흘려 보낸다
물은 나눔을 안다
물은 웅덩이 하나까지도 다 채워 주고 흐른다
물도 알고 행하는 나눔의 이치를 왜 모르는가.

완산골 순대골목

눈 오는 날이면 더욱 좋습니다
초졸초졸 비 내리는 날이면 더욱 좋습니다
완산골 남부시장에 가면
오만 잡것이 다 있습니다
그곳에 가면 순대골목이 있는데
속이 다 썩어 문드러진 놈도 오고 더러는
나같이 간 쓸개가 없는 놈도 온답니다
가끔 눈 씻고 보면 간혹가다
기름기 성성한 놈도 보입니다만 지극히 드물고요
아무튼 그 곳에는 내가 살면서 빼놓은 간도 있고
쓸개도 있습니다
내 오장육부가 다 있는 셈이지요
눈 오는 날이나
초졸초졸 비 오는 날
김이 모락모락하는 순댓국물에 쐬주 한잔
막걸리 한잔, 밥 말아서
빈 뱃속에 부어 넣으면 세상 명약이 따로 없고요
그보다 배부른 건 없지요
텔레비전도 틀어 주는데 울타리 허물고

술 한잔 마시다가도 뉴스를 볼라치면
없는 오장육부가 뒤틀리는 건 여기밖에 없습니다
아무튼 완산골 순대골목에는
별의별 세상이 다 있습니다.

인생

바람이 불고요
단풍이 곱게도 물들어서
보기에도 참 좋았는데요
아차,
단풍은 나뭇가지를 놓아버립니다
어떤 잎새는 벌레가 먹어서
하늘이 빠끔히
내다보이기도 하고
어느 놈은 피가 휘휘 돌던 핏줄 앙상히
뼈만 남아서
바람 한켠 기웃거리다가
어디론가 떠나갑니다
참, 열심히 살았는데요
이렇게 좋은 날에요
나뭇가지에서 손을 놓아버립니다
나도 잎새마냥
열심히 살다가
이렇게 좋은 날에요
세상을 놓았으면

바람이 불고요
단풍이 곱게도 물들어서
이렇게 좋은 날에요.

봄비

보리 순 고달픈 들녘에
새푸른 들녘에 비 내리는 날
허기진 보릿고개 너머로
쑥쑥 잘 자란 쑥나물 뜯어다
쑥떡이나 해 먹어 볼까
아니다 아니다
지천에 깔린 보리 순 허떡개비 잘라다
보리개떡이나 해 먹어 볼까
허리춤 헐렁한 할매야
귀신이 무섭데야 어디 무서울까
배고파 등가죽 뱃가죽 달라붙어 죽은
움푹 파인 아기 눈두덩이에
빠져 죽은
걸신이 무섭지야
할매야 할매야
보리 순 고달픈 들녘에 비가 내린다
아장아장 걸어서 봄이 온다야
할매야.

바다 敍景

새벽녘
아침이 고이는 바다에서는
물컹거리는 해가 치오르고 있었다

한낮에
바닷가 모래밭에는
해당화
여럿이서 서성이고

내 귓가에 가만히 대어 보는
소라 껍데기 속에서는
파도 소리가
잔잔히 부서지고 있었다

잔잔히 부서지는
파도를 종일 쪼아대던
갈매기들이
수평선 너머로 날아간 후에

내가
바다로부터 등을 돌렸을 때는
먼 산에다
해가 둥지를 틀고 있었다.

할아버지와 菊花茶

예전에
내가 아주 어렸을 적인데
할아버지는 가을이면, 날 좋은 가을날이면
돌담장 아래 볕 좋은 곳에서
곱게도 피어서 향내도 고운 菊花꽃을
따내곤 하셨는데
아주 빛 좋은 것만 골라서 따내곤 하셨는데
겨울날,
오늘같이 뜨락에
눈이 쌓이는 날에는
그 菊花 꽃잎으로 茶를 내어 마셨는데
그 香이 온 방을 적시고도 남아서
門風紙 새로 베어 나가곤 했는데
우리 집 마당에 있는 감나무가
가을이면 주렁주렁 유난히 많이 열리는 건
유난히 달고 맛이 나는 것은
할아버지가 다려 낸 菊花香 때문에설 게다
지금 할아버지 안 계신 집
텅 빈 뜨락에

가으내 향내 지그시 내 흘리던 菊花꽃 자리에
꽃대궁만 남아 겨울을 난다.

아내의 깨죽

시금자라
마누라는 늘상 내가 술을 마시고나면 깨죽을 끓여 주는데요
검은깨를 정성스레 갈아서
쌀을 불리어
죽을 쑤어서 주는데요

간장 한술 떠 넣어 후적후적 저어서 한술 한술 뜨다보면
그 맛은 둘이 먹다 둘다 죽어도 모를 만큼 맛있는데요

아내는 어디서 들었는지
시금자죽이라 합니다

언젠가
아내와 장을 보러 모래내市場에 갔었는데요
路上에 질펀하게 앉아서
푸성귀 몇 개 늘어놓고서 장사를 하는 村老에게
아내가 시금자 한 됫박 주세요 하자
그 村老는 黑荏子를 내보이며
옛소, 하는데

허허

全羅道 말에 거시기라는 말이 있는데요

거시기 하면 全羅道 사람이면

누구라도 다 알아듣는데요

시금자도 거시기인가 봅니다.

雀舌茶

참새의 혓바닥을 닮았다
그래서 雀舌茶라

내사 참새의 혓바닥이 있는지 없는지
그조차도 모르지만
雀舌茶를 즐겨 마신다

茶器에 茶를 우려내어 茶盞에 비워내는 맛이 좋아서
綠香이 고이는 茶盞에서 은근히 배어나오는
陶工의 땀 냄새와 투박한 손내음이 좋아서

茶를 마시다 보면

푸른 물이 들어서
온몸에 물이 들어서
깊은 山中에
차밭에 서 있는 차나무가 된 듯이
精神이 맑아져서
나는 雀舌茶를 즐겨 마신다

내사 참새의 혓바닥을 보지는 못했어도
茶를 마시면서
왠지 알 것 같은
참새의 혓바닥을 알 것만 같은

그래서 雀舌茶라.

아내와 참새

우리 시골로 이사 갑시다
땅 한 평 골라서 푸성귀 몇 놈 심어 놓고
산이랑 들이랑 공기 좋은 시골에서 삽시다
머리맡에 돌돌돌 물맑은 내가 흐르는
새들도 가끔은 놀다 가는

그랬지요
도시가 싫어져서
콘크리트와 아스팔트를 파먹고 사는 것이 싫어서
인정머리 없는 도시에서는
정녕 못 살 것 같아서

그런데요
아내는 싫다 했지요
없는 놈일수록 도시에서 빌붙어 살아야 한다나요
돈 버는 재주 없는 시 나부랭이나 쓰면서
도시 쭉정이가 시골에 가면 무슨 뾰죽한 수가 있냐 하데요

허허
웃음밖에 안 나옵디다

요즘 아내는 조석으로 참새들에게 먹이를 주는데요
콘크리트 높은 담장에 줄줄이 모여드는
참새 떼들을 보면요
아직은 도시에도 목숨 붙이고 살 만도 하거니
그런 생각도 드는데요

나는
요즘 참 내가 훌륭해 보입니다
참새 몫까지 벌고 있구나
내가 번 돈으로 참새까지도 챙겨 먹이는구나 생각하면요.

자장면과 고양이

달그락 달그락
밤도 깊었는데 잠도 깊었는데
마당에서 소리가 납니다
바람이거니 했는데 소리는 여전합니다
내심 도둑이 아닐까 생각이 들었는데요
이내 마음을 고쳐 먹었지요
가져갈 것도 없는 집에 웬 도둑,
도둑도 눈이 있고 코가 있는데

방문을 슬그머니 열고서 거기 누구요
화들짝 놀라서 내 목소리에 내가 놀라서 보니
도둑은 도둑이더이다
도둑고양이 한 마리가 자장면 빈그릇을 핥아대다가
내 목소리에 놀라서
저 뛰는 발걸음 소리에 놀라서 달아나 버립니다.

참, 먹고산다는 게 무언지
사람이나 짐승이나

그러고 보니 그 도둑고양이는 나보다 더
가난한가 봅니다
돈도 아니고 사람들처럼 돈을 빼앗기 위해 목숨을
위협하지도 않고
자장면 그릇에 발린 자장면이나 훔쳐 먹으러 온걸 보면요

나는 그날 밤
도둑고양이의 허기진 자장면 그릇 핥는 소리를
밤새워 들으면서 모른 체했지만요
쌀이라도 한 됫박 퍼 주고도 싶었다오

참, 먹고산다는 게 무언지.

나는 외출하고 싶다

외출에서 돌아온 나를 방에 누이고
가만 생각해 보느니

세상과 차단된 또 다른 세상에서
거울 속같이 조용한 세상에서
포즈가 변하지 않는 석상처럼 마냥 바다를 보고 싶다
점점히 느리게
아주 느리게 풍화작용하는 대리석상이고 싶다

쓰일모 없이 쓰일모 없이
바쁜 세상에서
쓰일모 없이 바쁜 세상은 지들끼리 바쁘라 하고

불도 안 켜진 어둔 방에서 나는
점점히 풍화작용하는 나를 바라보는데
또 다른 나는 거울 속같이
조용한 바다를 바라다보고 있다.

장수 가는 길에

장수 가는 길에
청설모 다람쥐는요
어디쯤 숨어서 숨어서
호두나무 열매가 익을 때꺼정
기둘리고 기둘리고 한다는데요
밤이면 밤마다
새악시 어린 신랑 불알 만지듯
불알 같은 호두를 만지작이고 한다는데요
그게 참말인지는 몰라도
내가 동리 아주머니에게
언제 호두가 익으면
한 됫박 얻어가야 겠다 했더니
청설모 다람쥐에게 물어보라 하는데요
아주머니 눈치가 하도 수상해서
호두나무를 보니
꼭 남정네 불알같이 열매가 달려 있는데요
그걸 보고 아주머니 심사가 어수선했나 봅니다
장수 가는 길에
청설모 다람쥐만큼이나요.

토란 잎새

토란 잎새는요
물방울을 이리저리 굴리고
굴리고 하는데요

굴릴 때마다
반짝반짝 빛이 나는 것이
보기에 하도 좋아서

실에 꿰어
아내 목에 걸어 줄까
그런 생각이 들었는데요

바람이
툭 치고 지나가는 바람에
그만
알알이 땅으로 쏟아져
부서지고 말았답니다.

제3부

황소

紅柿만큼이나
하늘을 물들여 놓고
해거름 山을 넘어 가는 해를
좇아가던 들길인데
늙은 村夫 하나가 황소를 몰고 오시는데
황소의 얼굴이
어디서 많이 본 듯도 하고
누구를 닮은 듯도 하여
가만 생각이 드는 것이
金山寺 彌勒殿에서 본 듯도 하여
金山寺를 찾아 갔는데
아 글쎄, 彌勒殿에 모셔진 황소를 보았다네
부처님은 어디 出他 중이신지 아니 보이고
오늘은
잘 익은 紅柿처럼 하늘 보기도 좋고
뉘엿뉘엿 해가 山을 넘어가네그려.

황소

절간에 가면
부처님이 놓아 먹이는 황소 한 마리가 있는데
밤 이슥할 때 나갔다가
새벽에서나 돌아온다나요
낮에는 잠도 안 자고 풀도 뜯는 둥 마는 둥
수행이라도 하는지 옴짝도 않는답니다
여지껏 나는 그 황소의 울음 소리를 들어보지 못했는데요
침묵수행중인가 하데요
내가 세상 살면서 한숨 쌓이는 일이 있을 적에는
그 황소가 出他하기 전에 만나서는
답답한 내 속내를 풀어내는데요
언제나 그러하듯이 침묵수행이신 황소는
아무런 말씀도 아니 계시고
부처님이 놓아 먹여서인지 微笑만 잔잔한데요
나도 부처님이 부처님을 놓아 먹이듯이
나를 놓아 먹이고 싶은데요
작심삼일 도로아미타불 옭아 맨 緣줄이 질기기만 합니다
이슥한 이밤 황소는 어디 極樂淨土 어디쯤을 거닐고
있겠습니다.

군소리

가끔은
아주 가끔은 심심하여서
별로 할말이 없을 때

방바닥을 끊임없이 줄지어서 기어다니는
개미들을 붙들어 놓고
군소리를 하는데요

할말 못할 말 다해도 듣는 둥 마는 둥
시큰둥하게
거들떠도 안 보고 지들할 짓만 하는 개미들을 보면 말이요

群衆 속에서
나는 至毒한 孤獨을 느끼오

내사
산다는 것이
苦痛을 隨伴한 孤獨이라는 것은 진즉부터 알았지만
그래서 누구인가를 몹시도 그리워하다가도

쉬이 잊혀지는 거라는 것은 알았지만

그래도 자꾸만 그리워하는 것은
내가
孤獨한 까닭이외다

그렇게 누구인가가 아리게도 그리워지면
나는 군소리를 하는데요

山을 오르내리는
한무리 나무들을 붙들어 놓고
할말 못할 말 다 지껄여도
무심히 山만 오르내리는 나무들을 보면 말이요

群衆 속에서
나는 至毒한 아주 至毒한 孤獨을 느끼오

가끔은
아주 가끔은.

아내에게

아내여

우리,
늘그막에 거리를 보란듯이
젊은애들 사랑하드키

우리,
두 손 꼭 잡고
거리를 闊步하면서

어디
지나다가
시장기 돌면
밥 한 사발에 텁허니 국 말아 먹고

飯酒 삼아
쐬주, 그 人生만치나
쓰디쓴 쐬주나
함께

나눠 마시고

우리,
두 손 꼬옥 붙잡고
남 보란듯이
오붓한
우리 집으로 가자

나란한
우리 琴瑟로.

내가 이브를 꼬드길 때

내가 이브를 꼬드길 때 그 때는
참말이지 참말이지
그 때는 말이지
간땡이 그 부은 간땡이라도 빼주겠다고 했지

벼랑 끝에 소담스레 핀 꽃이라도
꺾어다 주마고
女王처럼 아무 근심없이 幸福만 주겠노라고

그런데 말이지
내가 이브를 꼬드겨서
살을 섞고 한이불 속에서 살다보니
내 막연한 젊음은 世上을 어수룩하게 보고서
虛送하였는데

내 마누라가 된 이브는
나를 만나서 가난하였는데
苦生만 찔찔하는데
나는 한 번도 아내에게 幸福을 주지 못하면서도

사랑이랍시고
하루하루 延命하는 것이

그럴 때마다 내가 싫어지는데

아무리 눈이 멀었기로
아무리 사랑하기로, 사랑했기로
아무리 두 눈에 콩깍지가 씌었기로

참말이지 참말이지
내가 이브를 꼬드길 때 그 때는
왜 그런 거짓말을 했을까!

가을 국화

나는 답답한 원룸에 삽니다
아내와 토솔아 그리고 견지은
두 딸과 함께 삽니다

아내는 詩人입니다
토솔아는 토끼입니다
견지은은 강아지입니다

아내와 나 사이에는 자식이 없어
두 짐승을
자식 삼아 삽니다

답답한 노동자의 삶과
詩人 사이에서
국화꽃이 피려나 봅니다.

아내의 단풍

아내가 손을 베었습니다
아내의 손을 움켜쥐고
병원에 가자 했습니다

아내는 괜찮다 합니다

내심으로 괜찮을까 하면서
나는 생각합니다

비굴하게도
아내의 상처보다
병원비를 걱정하는 나는
아내를 덜 사랑하나 봅니다

아내는 연신 괜찮다 합니다

나보다 먼저 병원비를 걱정합니다
아내의 손에서는
피가 뚝뚝 흐르고 있습니다
단풍만 같습니다.

아내는 혼자서도

아내는 혼자서도
많이도 웃습니다
웃음 숭배자이지요

희로애락 중
슬픔과 성냄은 덜어내고
기쁨과 즐거움을 채워야 한다는
주의입지요

아내는 잘 웃습니다.
옆에서 보면 실성도 한 것같이
보입니다만

아내는 아내만의 즐거운
웃음을 많이도 웃습니다

내가 뭐가 그리 좋아 웃느냐면
즐거우니 웃는다 합니다
아내는 골수 웃음 숭배자입지요.

행복

눈발이 날리구요
집에 가던 길에 국밥집에 들러
뜨거운 국물에
밥 한 그릇
반주 삼아 쐐주 한잔했습니다

이만하면
세상에서
내가 제일 행복한가 봅니다

눈발도 그쳤구요
이제 아내가 기둘리는
집으로 가봐야겠습니다.

서른을 훌쩍 넘어서

산다는 거
참 힘들다
서른을 훌쩍 넘어서
그런 생각이 들었는데요

속살을 깎아내는
겨울날에
그런 생각이 들었는데요

술 냄새
풀풀 풍기며
비척비척
내 곁을 스쳐 지나는 노인이
참 훌륭하게 보입디다

그 힘든 세월
속살을 파고 드는 추위를 안고
나보다
갑절이나 더 살았으니

나보다 훌륭한 게지요

그날
나도 한잔했습니다.

24시 편의점

산정동 우리 동네에 사는 어느 아버지와 아들
이야기요 아이는 한 대여섯 살 되고
아비는 참 젊소 아이에게는
어미가 없는 듯하오

그네들의 속내 사정이야 모르오만
24시 편의점에 와서
아이가 아비에게 조르는 소리 기막히오
어미를 사달라는 거였소
24시 편의점
참 좋은 거요 어미까지 파는 모양이오

산정동 우리 동네 참 좋소
우리 동네 24시 편의점에서는
어미도 파는 모양이오

아이는 아비의 손에 이끌려 집으로
가는 듯하오 아이의 눈에는 눈물이 매달려 있소
아비의 한 손에는 검은 비닐 봉투에

소주가 담겨져 있소

아비가 돈이 없어서인지
아이의 어미는 사지 못한 듯하오.

겨울 난초

잠 안 오는 겨울 밤
한 점 먹물을 붓 끝에 찍어내어
하얗게 내린 눈밭에
난을 친다

달빛도 곱게 내리비치는
눈밭에서
묵향 그윽한 난꽃이
다소곳이 피어 향그럽다

잠 안 오는 겨울 밤
나의 겨울 난초는
하이얀 눈밭에 피어서
향을 내
나와 더불어 겨울을 난다.

시장기

지금 밖에서는 비가 내리오
지금 時間은 막 열두 시를 지나가는 刹那의
시장기 도는 點心時間이라오

季節이 또 다른 季節로 막 넘어가는
刹那의 季節에
부슬비는 내리고
나는 시장기를 느끼오

바람이 쓸고 가는
季節 사이로
街路樹 잎새들이 길거리에서 彷徨을 하오

그 模樣이 싫어서
地下道
쓥쓸한 全北大 앞 地下道
五臟六腑 쓥쓸한 地下道 階段을 내려가오

階段머리에

시장기 도는
地下道에
나보다 배고픈 現實이
배고픈 나에게 求乞을 하오

참 딱하오

내가 걸친 건 同情뿐 그뿐이오

내 뜬 눈이, 두 눈깔이 野俗하오
바람이 내 헐거운 옷자락을 스치듯
地下道
나보다 배고픈 가난을 外面하오

서둘러 나온 地下道
겨울로 가는 季節
그 사이로 바람이 부오

여전히 나뭇잎, 잎새가 彷徨을 하오

나보다 배고픈 街路樹가 거리를 疾走하오
차가운 부슬비가 疾走하오.

조기 한 마리 그리고

바다가 그리워
그 그리움이 어찌나 컸던지 속앓이로 속앓이로
곪아 터진
바다에 왔는데요

법성포 浦口 덕장에서는
꾸러미에 꿰여서
옴짝 못하는
바다

내가 쓰려고 하는 詩는
이집트 피라밋 깊은 무덤 속 화려한 裝身具를 한 王처럼
미라가 되고는 싶지 않은데요

법성포 浦口 덕장에서는요
꾸러미에 꿰여서
옴짝 못하는
바다

조기들은
이집트 피라밋 깊은 무덤 속 화려한 裝身具를 한 王처럼
미라가 되고는 싶지 않은데요

바다를 퍼득이며 활개하는 自由이고 싶은데요

살아서 살아서
소금기 웅성대는 바닷바람을 쐬고 싶은데요

꾸러미에 꿰여서
움짝 못하는
조기 한 마리 그리고
내가 쓰려고 하는 詩
바다.

本能의 領土

天地間에 發芽한 목숨들
여기는 처음부터 그들의 領土

本能의 領土
自然

땅이 생기고
그 위로 물길이 열리고
하늘이 열리던 그때부터
홀씨 하나에서 發芽한 목숨들의 領土
바람 한점도
本能의 노래 自然이었느니

사람들아
너희들은
自然을 짓밟을 權利가 없느니
山허리를 자르고
물길을 막고
쓰레기 더미를 山처럼 排泄하고

그리하여 풀 한포기의 生命과 돌과 바람
그리고 눈 맑은 사슴을
微物에서 모든 목숨들을
本能의 領土
自然에서 짓밟고 쫓아낼 權利는 없느니

사람들아
自然은 너희 것이 아니다
저들의 것이어니
이 世上에서
自然의 攝理에서 인간들아
너희만 干涉하지 않는다면 다시금 平和는 오리니
破壞는 人間들의 産物이거니
本能의 領土를 짓밟지 마라
理性은 破壞의 母胎려니
傲慢의 子息들아.

母岳山

母岳山에 첫눈이 내렸소
내 어미 머리에 첫눈이 내렸소
쭈구렁쭈구렁 파인 주름살, 그 이마 위로 하얗게 내려앉은
눈발이시리오

어미는 말이요
쭈구렁쭈구렁 주름살
하얗게 눈발 盛한 머리칼
그 시린 季節
찬 겨울에도 말이요

이 못난 자식 걱정에 다리 한 번 못 펴고
쭈구렁쭈구렁
걱정에 주름만 느오

나는 말이요
오늘도 어미山을 오르오

한 주름 한 주름 어미山을 오르오

투정 투정 어미山을 오르오

그래도 말이요
어미는 말이요

이 못난 자식을 대견하다 하오

어미는 말이요
어미는 말이요

그 시린 눈을 머리에 이고서도
내 걱정을 한다오
절뚝대며 어미山을 오르는 나를 걱정한다오

오늘은 첫눈이 내렸소
어미산에, 어미의 머리칼이 새삼 시리오.

할머니

내 할머니는 말이요
내가 우리 집안에 태어나면서
그때부터 할머니가 되셨는데요
그 전에는 진밭댁 진밭댁 그리 불렀답니다
진밭이라는 곳에서 시집을 와서 그리 불렀다는데요
내가 태어나면서 그 때부터는 누구 할머니 그리 불렀지요
그래서 그런지
할머니는 나를 끔찍이도 위하셨는데요

얼마만큼이냐면요

내가 칙간에 갈라치면
얼른 따라 나오면서 지푸라기 보들보들한
잎새만 골라서 그 밑을 닦아 주셨는데요
내가 누운 똥을 보시고는
아이구 내 새끼 똥도 이쁘게 싸놨네 하셨는데요
나는 어린 마음에 그것이 자랑스러웠는데요

지금 생각하면요

내 할머니는요 손주가 싸 놓은 구린 똥조차 이뻐서
그리도 이뻐서

할머니는 나를
이만큼이나 끔찍이 위하셨는데요
내 생각이지만요
영영 그 어린 시절이었으면 한데요
할머니가 막 처음 할머니가 되던 그 때였으면 한데요
세월은 자꾸만 할머니를 밀어내내요.

시인이 가을에게 보내는 편지

오늘이 가고 나면
단풍이 들어서
단풍이 들어서
해도 달도 떨어지것다

오늘이 가고 나면
바람이 불어서
바람이 불어서
해도 달도 떨어지것다.

제4부

혼자에게 보내는 편지

찬바람 스산한 가을 마지막 잎새의 고독처럼
나는 당신에게 편지를 씁니다 누구를 기다리듯이
야윈 그리움 하나 떠나보내는 것이 아름다우리라
막연히 당신에게 편지를 씁니다
겹겹이 하늘을 덮고 있는 구름처럼 우울한 가슴을
어쩌지 못하고 바람에 실어 보냅니다
늘상 당신 앞에서 외로운 섬이 되어
당신의 그늘 밑으로만 떠다니는 고독한 사랑
그러나 그 고독마저 아름다운 것은
내가 당신을 사랑하기 때문이겠습니다.

혼자에게 보내는 편지

댓잎이 나를 흔든대도 갈대가 나를 흔든대도
바람이 나를 잡는대도 당신에게 향하는 사랑은
변하지 않습니다 당신이 나를 떠난대도
내 가슴에서 흐르는 강물은 멈추지 않습니다
당신의 바다에 묻혀야 할 내 목숨과 사랑이
본능처럼 내 강물에 흐르고 있습니다
강물은 지류가 달라도 바다에서는 한살이 된다지요
지금은 멀리 당신이 있어 그리웁지만
사랑은 날로 살이 찌고 나는 외롭지 않습니다.

사는 동안

내 나이 마흔을 훌쩍 넘겼으니
세상 절반을 넘게 산 셈이다

내게 남은 하늘이
절반도 남지 않았으니

부끄럽게
흘러간 세월이야
저만치 흘러간 세월이야

그러고 보면
나도 참 오래도 살았다

내게 남은 하늘이
절반도 남지 않았으니

사는 동안
남은 세월이야
부끄럽지 않았으면 좋으련만.

길

나침반이
더듬이를 잃었다

방향을 잡지 못하고
풍향계는 빙글빙글 제자리에서 돌고
길은 모래바람 속에서
길을 잃었다

어디로도 안내하지 못하는
나침반은 길을 잃고
나는 어디로도 갈 수 없다

불혹의 나는
더듬이를 잃었다.

흉가

산 중턱에 덩그러니
허물어진
흉가에

감나무 하나
감꽃을 달고 있다

인적없는
흉가에
謹弔

喪中이라고 쓰여진
燈 하나
달고 있다.

詩

기관단총 사격장에서
언어가 날아와
내 머리통을 날린다

참혹하게
산산히 부서진 머리통의 잔해가
우주의 운석처럼
방황하고

각자
떠도는 눈알이
서로를 무섭게 노려본다.

詩人

詩가
밥이 되냐
豚이 되냐
굶어죽기 딱 알맞은 게 詩人이지
누가 그러데요

아내와 나는
詩人이고
우리 부부는 굶어 죽기 딱 좋은
직업을 가졌습니다

詩가
豚이 되지 않는 나라에서
豚이 안 되는 돼지꿈을
날마다 날마다 생각하지만
福 있는 사람 따로 있나 봅니다

그래도
우리 부부는

詩人이 천직인 줄 알고
배고픈 시를 씁니다

싸구려 詩人이
훗날에 깡통밖에 더 차겠습니까만
길바닥에 나앉아 봐야
그 길이
그 바닥이겠지요.

나를 弔喪하다

나는
오늘 나를 弔喪하고 왔다네

아무도
내 무덤을 찾지 않았네

나는
나를 위하여 유일하게
哭을 하였네.

산다는 거

밤이 깊었소
이제 피곤한 하루가 졸립다 하오

산다는 거
별거 아닌데

살다가
살다가
살아지는대로
욕심 없이 그리 살다가

이렇게
밤이 깊어지면
피곤한 몸을 누이면 되는 것을.

나팔꽃

나팔꽃
줄기마다
나팔꽃이 흠뻑 피어서
피어서 있는데요
무심히
꽃에게로 내가 다가가는 걸 보면
인연은 이렇게 해서 생겨나나 봅니다

아내도 이렇게 해서 만났거든요.

신발

아주 맑은 날
가파른 현실의 벼랑으로 떨어져
자살을 하는 것은
내가 우러러 보는 하늘이 너무 맑아서
막연이 높은 이상 때문이 아니외다
바람 향긋한 꽃내음에 살랑이는 풀잎이
서럽도록 푸르러서 외로운 오솔길이 아니외다
문학으로부터 한푼도 보상받지 못하는
꾸질하고 가난한 생활고,
그로부터의 도피는 더더욱 아니외다
다만 자살하는 사람들이
왜 가지런히 신발을 벗고 죽는 것인지
나도 한 번 해보고 싶어서 그뿐이외다.

단풍

내장산 단풍이 붉어진 건요
내가 술 한잔했기로 그런답니다

내 얼굴이 붉어진 건요
내장산 단풍이 취했기로 그러고요

내장산 단풍과 내 얼굴이 붉어진 이유는
그런 까닭에서랍니다.

미나리

미나리 말이요
참 좋은 나물이요

내가 술을 좋아하지만
막걸리
두 병이 정량이어서
그 이상 마시면

나도 모르는 사이에
미친 개마냥 변하여서
몹쓸 실수를 하곤 하는데

그 바람에
나와 더불어 술 한잔 나누자던
친구들이 다 떠나 버렸다오

헌데 말이요
내 마누라와 미나리는
변함없이 나와 함께해 준다오

마누라는
내가 술 취한 다음날이면
어김없이
숙취에 좋다는
술국에다 미나리나물을 무쳐주니 말이요

미나리 말이요
참 좋은 나물이요
마누라 다음으로 말이요.

말

말
말은 소리보다 짧다

소리보다
짧게
말을 아껴 하고 싶다

세 치
혀
그보다 짧게

나는
너무 말을 많이 하고 살았다

쓰일모 없이
달려온 말은 언제나
달려온 거리를 잊고서
풀을 뜯었다

말
말은 소리보다 짧다

세 치
혀
그보다.

고양이

熱砂의 砂漠
이집트
모랫무덤

自閉症 걸린
발자국

隱密한
숨소리

음침한
눈동자

이승
저승
움켜쥔 발톱

夜深한
달빛을 헤적이는
나
고양이.

잡소리

1. 전설
우주의 머리 꼭대기에서
나의 어미와 아비가 곱고 고운 흙을 골라서 새벽녘 연잎에
고인 정갈한 이슬을 받아서
나를 반죽하여 빚었다는데요 지그시 눈 감고 생각해 보면요
그럴 법도 하데요
사실 나는 아무런 기억이 없거든요

2. 전설
내가 태어나던 그날에요
내가 크게 울었다는데요
그때 놀라서 우주는 처음으로 깊은 잠에서 눈을 떴다나요
사실 나는 아무런 기억도 없거든요

3. 중심
나는
여지껏
내 눈으로 볼 수 있는 만큼만 보았지요
그리고 보이는 만큼만 나의 우주였지요
그래서 나는 항상 우주의 중심이 되지요

4. 그릇

참 이상도 하지요
똑같은 그릇인데 그 그릇에 밥을 담아서
내가 먹으면 사람 밥그릇이고
개가 먹으면 개 밥그릇이 되니 말이요

5. 귀구녁

나 말이요
개가 짖는 소리를 참 알아들을 수가 없소
개는 나더러 말을 걸어오는데 말이요
도통 알아듣질 못하오
내 귀구녁이
내 뚫려 있는 귀구녁이 참 딱하오

온 우주가 내게 무어라 소리를 내지만

어디 통역사라도 있으면
풀 한 포기와도 대화를 하고 싶소

애견 지은이

견지은은 우리 집 큰딸이외다
비록 남들의 눈에는 강아지로 보이겠지만
우리 부부에게는 큰딸이외다

아내와 나는 세상에서
가장 싸구려 詩人이긴 하지만
내 딸은 세상에서 가장 소중한 딸이외다

세상에서 가장 귀한 것이 무엇인지
아시는지 사람들에게
묻고 싶소만
내가 생각하기로
세상에서 가장 귀한 것은
내가 가장 귀히 여기는 것이
가장 귀한 것이라 생각되오

남들 눈에는 지은이가
하찮은 강아지에 불과하겠지만
우리 시인 부부에게는 가장 소중한

세상에서 가장 소중한
딸이라오

詩人의 딸이라서인지
내 딸은 국어사전을 끌어안고
잔다오

재밌는 삽화

〈요놈 요놈 요 이쁜 놈 故 千祥炳 詩人 詩集에 끼어 있는 삽화〉

천 시인 부인이 운영하는 카페 歸天인 듯 보이오
한 개 탁자가 있고 탁자에는 화병의 꽃이 탐스럽소
국화꽃 같기도 하고 장미꽃 같기도 하오
가시가 없는 것이 국화꽃에 가깝소

화병 옆에는 맥주병과 맥주가 그득 채워진 두 개의 잔이
나란히 있고 맥주병에는 자물쇠가 채워져 있소
아무래도 부인이 채워둔 모양이오

탁자 의자에 천 시인과 부인이 나란히 앉아서
새끼손가락을 걸고 있는데 무슨 약속이라도 하는 모양이오
아마도 술을 적게 마시겠다는 약속이나 하는 듯하오
천 시인은 마땅하지 않다는 투정을 하고
부인은 그런 남편의 투정에 잔잔한 미소만 보내오

카페 歸天의 천정에서는 갈매기를 닮은 비둘기가 날고
탁자 옆에서는 아직 어린 비둘기가 천 시인 부부를 보고
있는지 천정의 어미 비둘기를 보고 있는지 분명하지 않은
표정으로 앉아 있고 화병의 꽃에서는 천 시인 부부의
애정만큼이나 진한 향을 풀풀 풍기오 참 재밌는 삽화요.

김사강 시집

산다는 거

인 쇄	2008년 6월 1일
발 행	2008년 6월 10일

저 자	김 사 강
발 행 인	서 정 환
발 행 처	신아출판사

출판등록	1984년 8월 17일 28호
주 소	전주시 완산구 태평동 251-30
전 화	(063)275-4000, 252-5633
팩 스	(063)274-3131
메 일	sina321@hanmail.net shina321@chol.com

값 7,000원

ISBN 978-89-5925-439-2 03810